누리 과정에서 쏙쏙
신체운동·건강 　신체활동 즐기기 – 신체를 인식하고 움직인다.

초등 과정에서 쏙쏙
통합 나2 　1.나의 몸 – 내 몸이 무럭무럭, 내 몸을 살펴요
통합 가족1 　1.우리 가족 – 가족과 함께
과학 3-2 　4.소리의 성질 – 2.소리 전달하기

감수 및 추천 이명근 박사(미국 존스홉킨스 대학교 교수 역임, 현재 연세대학교 보건대학원 교수)

세계 곳곳의 재난지에 뛰어들어 어린이들은 물론 도움이 필요한 사람들을 구조하며 봉사의 삶을 사는 분입니다. 알아야 더 잘할 수 있다는 믿음으로 연세대학교 보건대학원에 '국제 재난 대응 전문가 과정'을 개설하여 많은 재난 구조 전문가를 양성하고 있습니다. 국제 NGO인 '머시코'(Mercy Corp.)와 UNDP(유엔경제개발계획)에서 활동하기도 했습니다. 지금은 재난 구호의 필요성을 알리고, 아시아와 아프리카의 개발을 위해 '코이카'(KOICA, 한국국제협력단)와 국제 개발 기관인 '글로벌 투게더' 등과 함께 봉사에 앞장서고 있습니다.

글 김인숙

대학에서 영어영문학을 공부하였고, 지금은 어린이 책 쓰는 일을 하고 있습니다. 그동안 〈오천 년 지혜 담긴 건물 이야기〉, 〈엽기발랄 안다박사의 요건 몰랐지?〉 등 어린이들을 위해 많은 글을 썼으며, 어린이들이 재미있게 읽고 행복해할 수 있는 글을 쓰기 위해 노력하고 있습니다.

그림 이승연

계원예술대학교에서 가구 디자인을 공부했습니다. 그동안 〈엄마 아빠가 이상해〉, 〈30일 기적의 공부법〉 등 많은 어린이 책에 그림을 그렸으며, 사보 작업도 했습니다.

인체 | 오감

22. 아빠랑 즐거운 요리 시간

글 김인숙 | **그림** 이승연
펴낸곳 스마일 북스 | **펴낸이** 이행순 | **제작 상무** 장종남
대표 조주연 | **주소** 서울특별시 종로구 사직로8길 20, 103호
출판등록 제2013 - 000070호   **홈페이지** www.smilebooks.co.kr
전화번호 1588 - 3201   **팩스** (02)747 - 3108
기획 · 편집 조주연 김민정 김인숙 | **디자인** 김수정 정수하
사진 제공 및 대여 셔터스톡 연합뉴스 프리픽

이 책의 모든 글과 그림 등의 저작권은 스마일 북스에 있습니다.
본사의 허락 없이 이 책에 실린 내용의 일부 또는 전체를 어떤 형태로든지
변조하거나 무단 복제하는 것은 법으로 금지되어 있습니다.

⚠ 책을 집어던지면 다칠 수 있으니 조심하십시오. 잘못 만들어진 책은 바꾸어 드립니다.

아빠랑 즐거운 요리 시간

글 김인숙 | **그림** 이승연

스마일
Smile Books

아빠와 단둘이 집에 남은 준우는 심심했어요.
"아빠, 베개치기 놀이해요!"

"우리, 텔레비전 보자."
텔레비전에 어떤 아줌마가 요리하는 모습이 나왔어요.
"아빠, 눈으로 보기만 했는데도 음식이 맛있을 것 같아요."

텔레비전을 보아요
우리는 눈으로 주위에 있는 것을 보아요. 그래서 텔레비전에 나오는 맛있는 요리를 보고 먹고 싶다는 생각도 하게 돼요. 눈이 느끼는 이런 감각을 '시각'이라고 해요.

"아빠, 텔레비전에서 맛있는 냄새가 나요."
준우는 코를 벌름거리며 쩝쩝 입맛을 다셨어요.
아빠는 코를 움찔거리며 냄새를 맡으셨어요.
"그럴 리가 있나, 아래층에서 나는 냄새일 거야.
고소한 기름 냄새가 나는 걸 보니, 튀김을 만드나 보다."

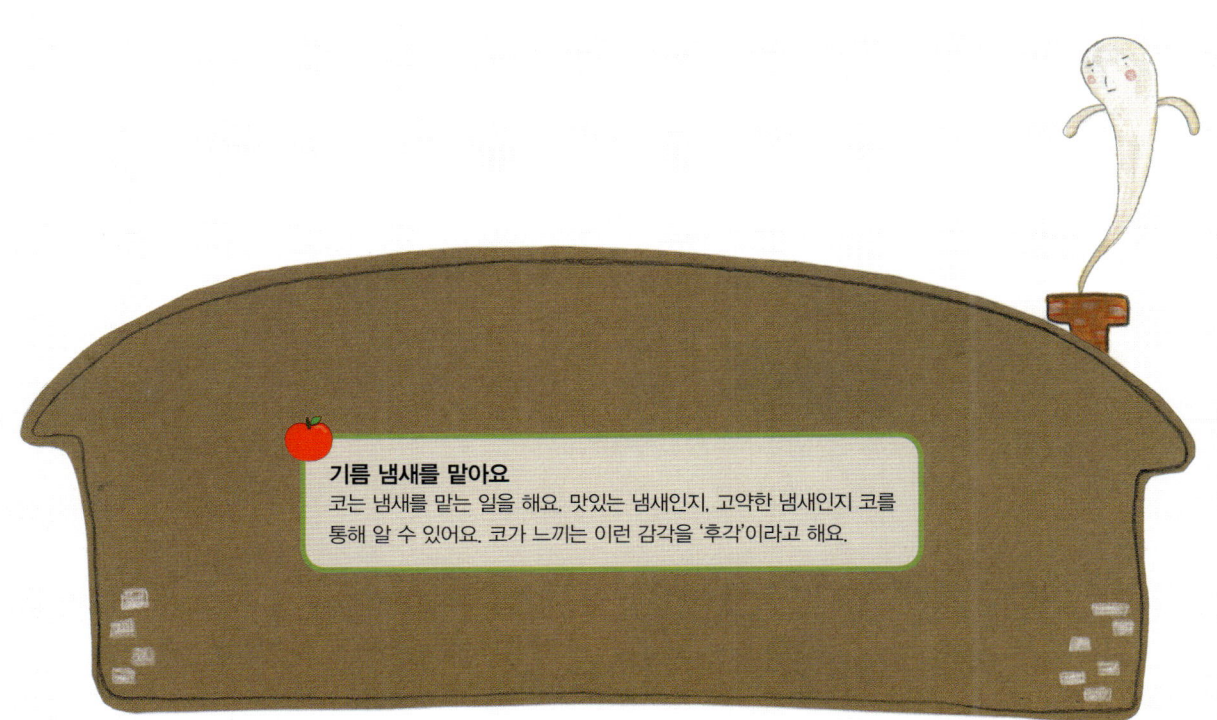

기름 냄새를 맡아요
코는 냄새를 맡는 일을 해요. 맛있는 냄새인지, 고약한 냄새인지 코를 통해 알 수 있어요. 코가 느끼는 이런 감각을 '후각'이라고 해요.

"아빠, 나 배고파요!"
"뭘 좀 먹어야겠다. 냉장고에 뭐가 있나 볼까?"

"라면 먹고 싶어요."
"얼큰한 김치랑 먹으면 진짜 맛있는데."
아빠가 슬며시 눈치를 보며 준우에게 말씀하셨어요.
"네가 가서 라면 사 올래?"
준우는 슬그머니 눈길을 피하며 말꼬리를 흐렸어요.
"귀찮아요, 아빠가……."

아빠는 찬물에 까슬까슬한 감자를 씻고,
냄비에 넣어 부글부글 삶기 시작하셨어요.
준우는 딱딱한 감자를 콕콕!
"아직 익으려면 멀었어, 준우야."

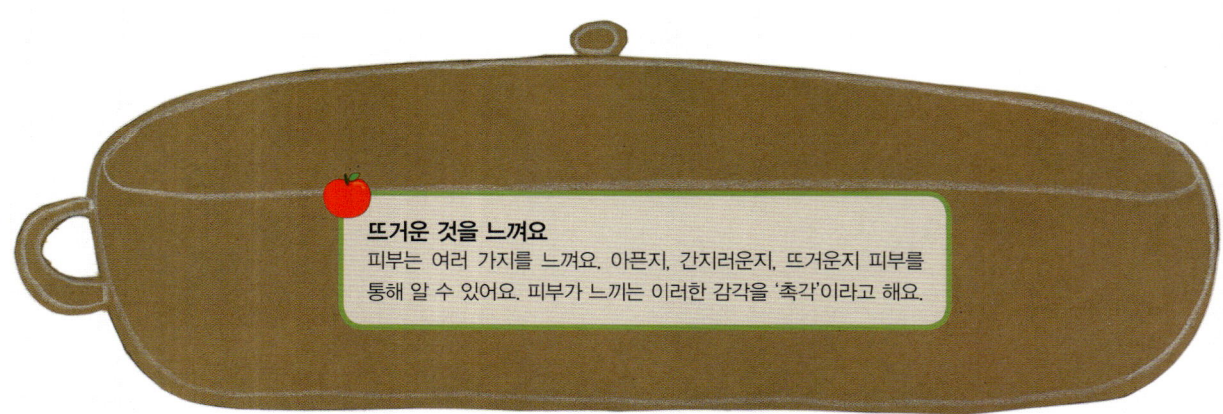

뜨거운 것을 느껴요
피부는 여러 가지를 느껴요. 아픈지, 간지러운지, 뜨거운지 피부를 통해 알 수 있어요. 피부가 느끼는 이러한 감각을 '촉각'이라고 해요.

부글부글, 감자 삶아지는 소리.
배고파 힘은 없어도 두 귀는 쫑긋쫑긋!

"맞아. 이게 있었지!"

"옥수수 알갱이로 뭘 하시게요?"

아빠는 프라이팬에 기름을 두르고
옥수수 알갱이를 쏟아부으셨어요.

톡, 톡, 톡, 토독!
"아빠, 톡톡 소리가 나요."
"옥수수 알갱이 터지는 소리란다."
톡톡 소리가 점점 빨라졌어요.
불꽃놀이 할 때 나는 소리 같았지요.
잠시 후, 톡톡 소리가 멈추었어요.

팝콘 튀기는 소리를 들어요
귀는 여러 가지 소리를 듣는 일을 해요. 그래서 팝콘 튀기는 소리도 들을 수 있어요. 귀가 느끼는 이런 감각을 '청각'이라고 해요.

따끈따끈한 팝콘 한 주먹을 입에 넣으면
사각사각 팝콘 씹히는 맛있는 소리가 나요.

그사이 감자가 포슬포슬 잘 익었어요.
아빠는 감자를 곱게 으깨셨어요.
당근을 썰 때는 괜찮았는데,
양파를 썰 때는
매워서 콧구멍이 벌름벌름.
눈이 따끔따끔.
눈물이 줄줄줄.

"맛이 어때?"
아빠가 조심스럽게 물어보셨어요.
"음, 약간 달콤하면서 고소해요.
진짜 맛있어요! 우리 아빠 최고!"

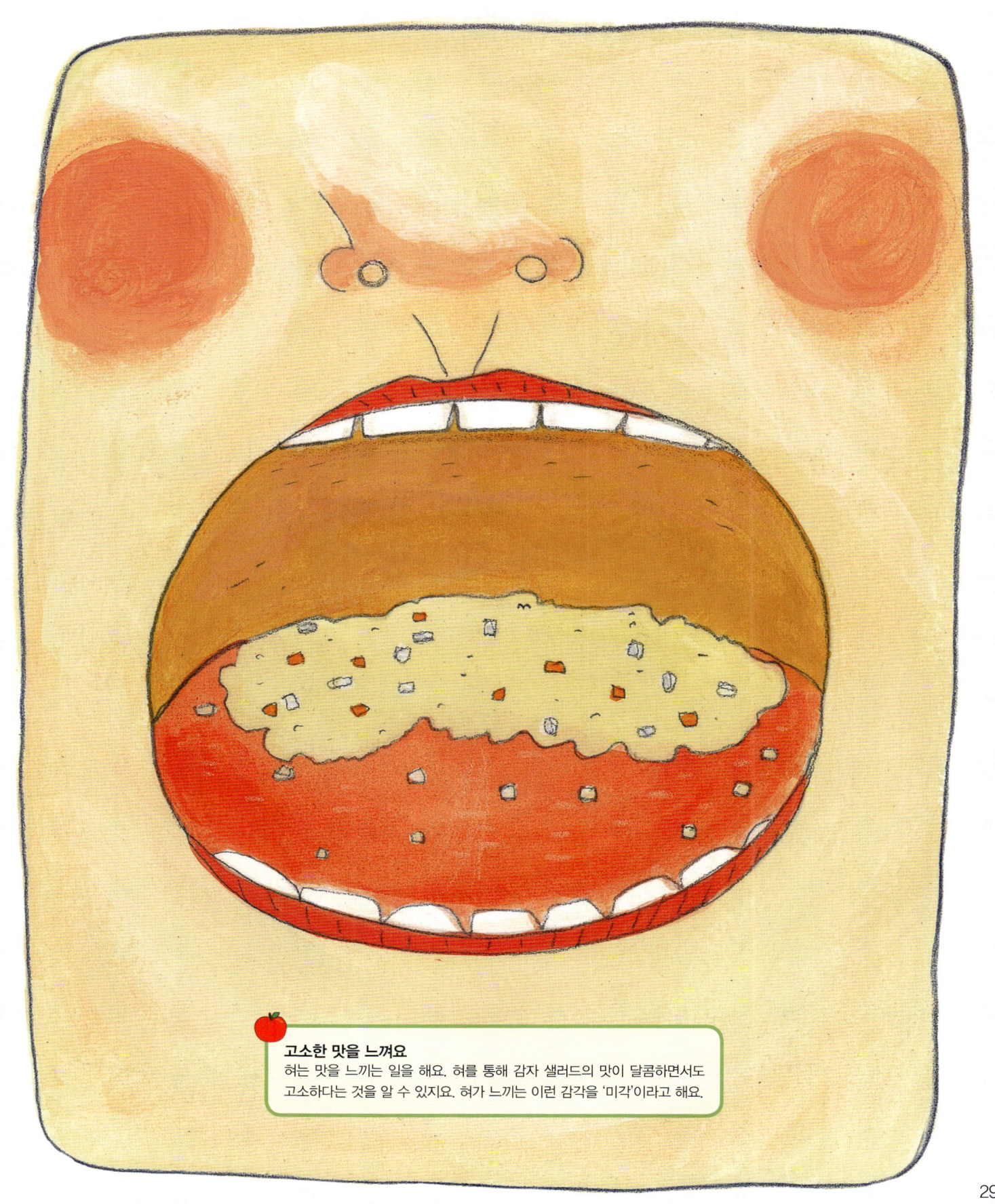

🍎 **고소한 맛을 느껴요**
혀는 맛을 느끼는 일을 해요. 혀를 통해 감자 샐러드의 맛이 달콤하면서도 고소하다는 것을 알 수 있지요. 혀가 느끼는 이런 감각을 '미각'이라고 해요.

감자 샐러드를 실컷 먹었더니 배가 불러요.

"아빠! 엄마 언제 오세요?"

"곧 오겠지, 뭐."

"엄마 오시면 자랑할 거예요."

그런데 준우의 눈은 자꾸만 스르르 감겼답니다.

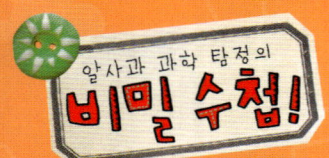

다섯 가지 감각의 놀라운 비밀

우리는 눈으로 보고, 코로 냄새를 맡고, 혀로 맛을 느껴요.
귀로 소리를 듣고, 피부로 여러 가지 자극을 느낄 수 있어요.
그래서 눈, 코, 혀, 귀, 피부를 우리 몸의 다섯 가지 **감각 기관**이라고 해요.

🍎 눈

빛이 눈 속에 있는 망막에 닿으면, 망막에 모습이 거꾸로 맺혀요.
이것이 다시 뇌로 전달되어 우리가 똑바로 볼 수 있는 거예요.

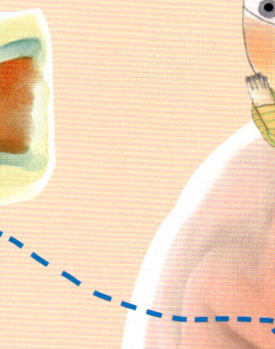

이러한 여러 가지 자극을 뇌가 전해 받아서 우리가 감각을 느끼는 것이에요.

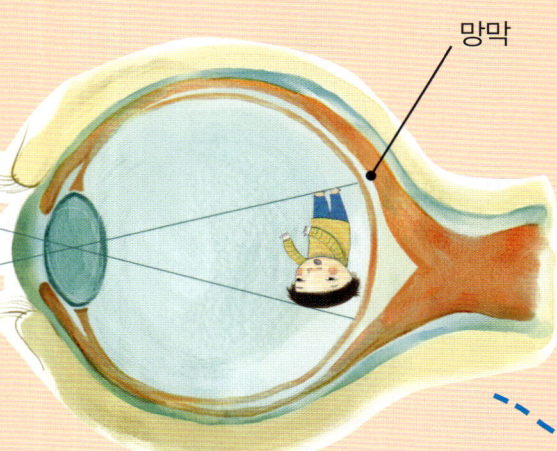

망막

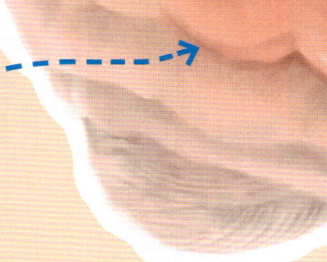

🍎 피부

피부 밑에는 수많은 감각점이 있어서, 아픔, 눌림, 차가움, 뜨거움 등을 느껴요.

감각점

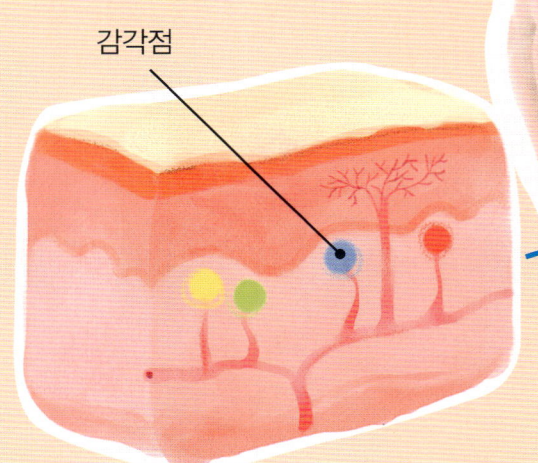

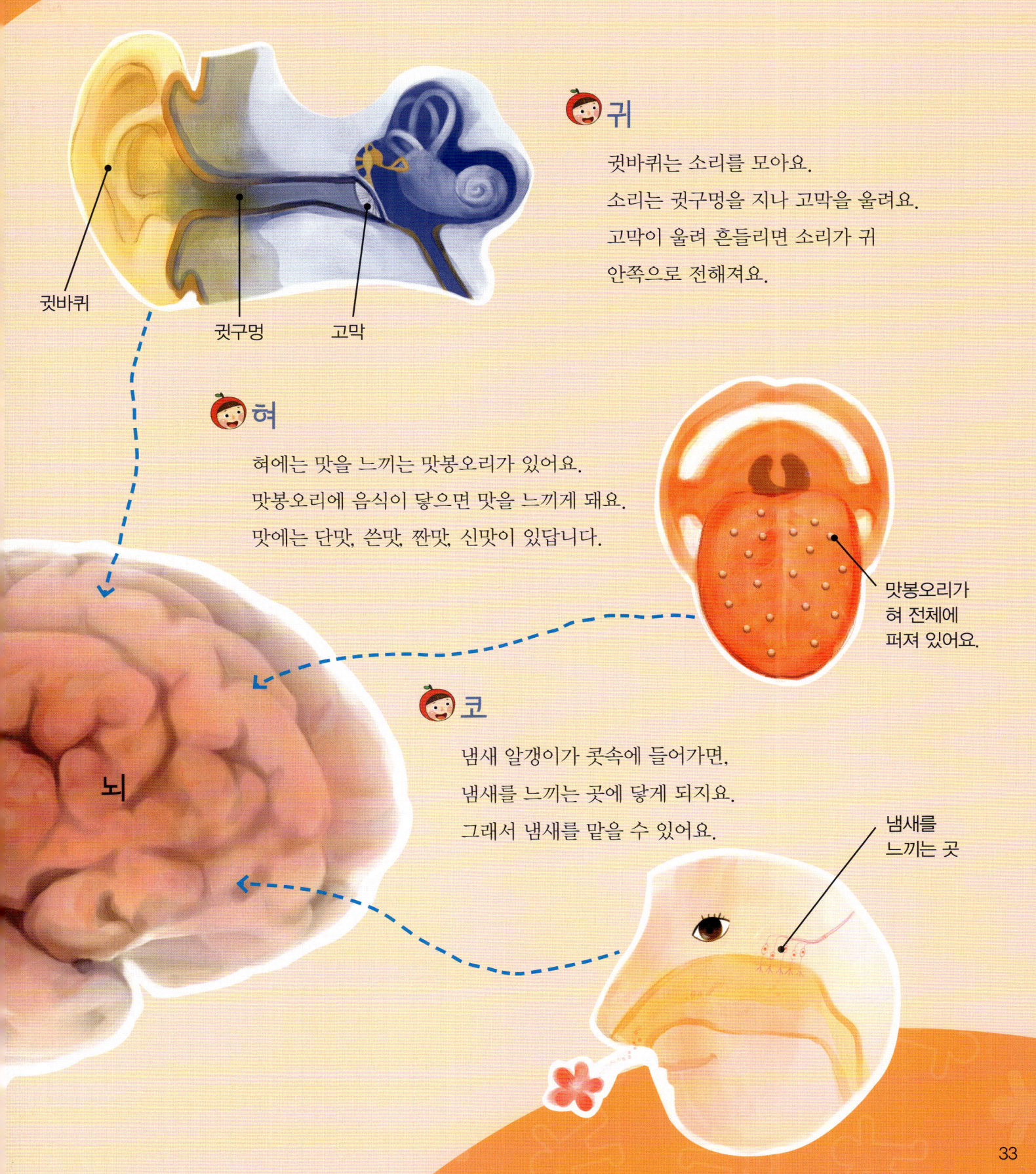

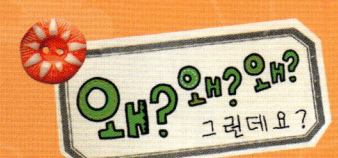

오감에 대한 요런조런 호기심!

코가 막히면 왜 맛을 못 느껴요?

손으로 코를 감싸 쥐고 달콤한 케이크를 먹어 봐. 어때? 맛을 잘 느낄 수가 없지? 왜 그러냐고? 사실 음식 맛은 혀보다는 코가 먼저 냄새로 알지. 그래서 감기에 걸려 코가 막히면, 냄새를 맡을 수가 없어서 맛을 제대로 느끼지 못하는 거란다.

코로 냄새만 맡아도 맛을 짐작할 수 있어요.

눈은 우리가 깜박이려고 생각하지 않아도 저절로 움직여요.

눈은 왜 자꾸 깜박거려요?

사람은 보통 5~10초에 한 번씩 눈을 깜박거려. 눈을 자주 깜박이는 건 눈물을 눈 전체에 골고루 퍼지게 하기 위해서야. 만일 우리 눈에 눈물이 없으면, 눈이 말라서 눈동자를 제대로 움직일 수 없거든. 그리고 눈에 낀 먼지나 이물질을 씻어 내기 위해 눈을 자주 깜박이는 거란다.

어린이는 매운 음식을 왜 못 먹어요?

어린이는 코에서 냄새를 느끼고 혀에서 맛을 느끼는 맛봉오리의 수가 어른보다 많기 때문이야. 그래서 어린이는 매운맛 같은 아주 강한 맛을 싫어한단다. 그런데 나이가 들면 맛과 냄새를 느끼는 맛봉오리의 수가 점점 줄어들어. 그래서 나이가 많은 어른들은 음식을 먹을 때 자주 싱겁다고 하는 거란다.

어린이의 입 안에는 맛을 느끼는 맛봉오리의 수가 어른보다 많아요.

귓바퀴는 왜 조개껍데기처럼 생겼나요?

귓바퀴가 조개껍데기처럼 오목하게 생겨야 소리를 잘 모을 수 있어. 귀 뒤에 손을 모아서 대면, 더 많은 소리를 모을 수 있지. 그래서 시끄러운 곳에서 사람들이 소리를 잘 들으려고 손을 모아서 귀에 대는 거란다.

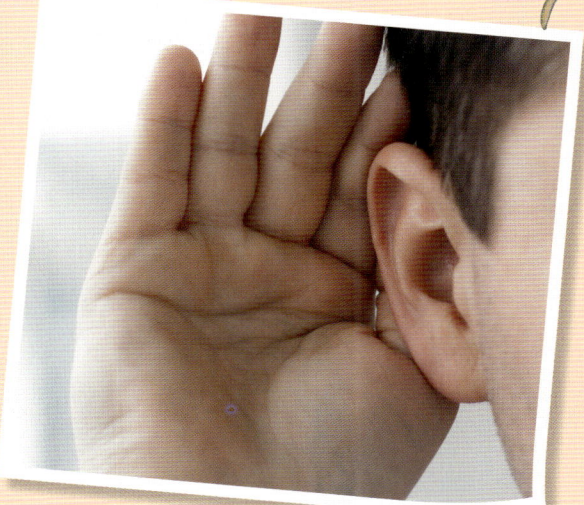

귓바퀴가 오목해야 소리를 모아 잘 들을 수 있어요.

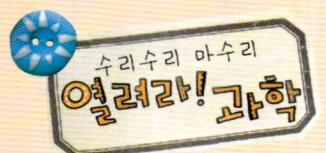

재미있는 감각 올림픽

다른 동물에 비해 특별히 더 발달된 감각을 가진 동물들이 있어요.

매나 **독수리**는 높은 하늘에서도 먹잇감을 잘 볼 수 있는 눈을 가졌어요.

개는 냄새를 잘 맡아서 사람이나 물건을 잘 찾아내요. 먼 거리를 가도 다시 길을 찾아 돌아올 수 있어요.

돌고래는 사람이나 다른 동물들은 들을 수 없는 소리를 서로 주고받으며 먹이를 찾아요.

사람이 맛을 가장 잘 느끼고, 맛있는 음식을 좋아해요. 동물들은 사람처럼 다양한 맛을 느끼지 못해요.

감각 키우기 놀이를 해요

엄마와 아이가 함께 감각을 키우는 놀이를 해 보세요.
이런 놀이를 자주 하면 아이의 감각이 발달된답니다.

무슨 소리지?

1. 엄마가 손수건으로 아이의 눈을 가려요.

2. 여러 가지 소리를 내 보세요. (책상을 두드리는 소리, 손뼉을 치는 소리, 컵을 두드리는 소리, 연필로 글씨 쓰는 소리 등)

3. 눈을 뜨고 있을 때와 귀로 듣기만 했을 때 어떤 차이가 있는지 아이에게 물어보세요.

어떤 물건이지?

1. 엄마가 손수건으로 아이의 눈을 가려요.

2. 아이에게 사물을 만져 보게 하세요.

3. 만져 본 느낌이 어떤지 말하게 해 보세요.